KB174301

형성 1980

형성 1980

ⓒ 박주초, 2020

1판 1쇄 인쇄__2020년 1월 1일
1판 1쇄 발행__2020년 1월 5일

지은이__박주초
펴낸이__홍정표
펴낸곳__작가와비평
　　　등록__제2018-000059호
　　　이메일__edit@gcbook.co.kr

공급처__(주)글로벌콘텐츠출판그룹
　　　대표__홍정표 이사__김미미 편집__김봄 이예진 권군오 홍명지
　　　기획·마케팅__노경민 이종훈
　　　주소__서울특별시 강동구 풍성로 87-6(성내동)
　　　전화__02) 488-3280 팩스__02) 488-3281
　　　홈페이지__http://www.gcbook.co.kr

값 12,000원
ISBN 979-11-5592-236-1 03810

작 가 와 비 평
시   선

형성 1980

박주초 시집

작가와비평

들어가며

"좋은데?"

1995년, 가을이었다. 열여섯의 나에게 너무나 커 보이던 문창과를 다니는 대학생 큰 형. 어른 흉내와 허무주의가 뒤섞인 미성숙한 나의 첫 습작들 중에서 처음으로 큰 형에게 '인정'이라는 것을 받았다. 그 시가 바로 "형성"이다. 그리고 그 날부터 나는 시인이 되었다.

시집 '형성 1980'은 학교를 그만두고 건설회사를 다니던 10대, 다양한 전공으로 뒤섞여 살던 20대, 사업과 예술을 동시에 하고 싶었던 30대 그리고 미약하나마 깨달음을 얻기 시작한 40대 초입까지, 지난 25년간 써온 시를 모은 것이다.

그래서 이 시집은 한편으로 부족함과 부끄러움의 산물

이다. 설익은 시어로 표현된 나의 부족한 민낯과 시처럼 살지 못한 부끄러움으로 가득하다. 부디 같은 지구에서 생을 살아온 넉넉한 마음으로 독자 여러분의 이해를 바란다.

시인의 서두가 길면 안 되기에 사랑하는 이들에게 감사를 전하며 이만 마무리하겠다.

사랑하는 가족, 아내 박지은, 그리고 어머니, 내 어머니 김경자, 아버지 박정복, 큰 형 박주석, 작은 형 박주암, 형수들, 조카들, 광주의 아버님, 어머님과 처가댁 식구들에게 모두 감사를 전한다.

그리고 한 자라도 가르침을 더해주신 모든 스승님, 10년을 함께한 얼터 식구들, 시의 시간만큼 사귀어온 길동, 거마골 친구들, DrawingJesus 형제들 그리고 서른에서 마흔으로 넘어가는 나에게 한 가득 예술적 감성을 더해 준 예향원까지 모두에게 감사를 전한다.

마지막으로 내가 당신의 것임을 늘 잊지 않고 살게 하시는 하나님 감사합니다.

차례

∨

1장 그 날, 사유思惟

형성

그래 그렇게 변하는 것이 사랑이라 알고

그래 그렇게 만들어가는 것이 인생이라 알고

그래 그렇게 이루어지는 것이 나라는 것을 알지

애哀

꽉 막힌 가슴이 내뱉는 서툰 한숨
달빛이 푸르고 노을이 붉은 이유

억지 생각을 겹겹이 쌓아
그 압력에 짓눌려
더 이상 떠오르지 않기를

고독을 온전히 느낄 수 있게
눈도 귀도 입도 없는 사람이 되어
삶의 숨만 남겨지기를

그래 그 바닥에서

좁은 틈 사이로 비춰주는

하늘 내음 한 가닥 마실 수 있기를

스르름스르름

스륵스륵

버스를 타자

내가 아무리 잘나도
버스를 타자

손 안의 바보상자에 취해
혼자 살 수 있다 말하며

하늘도 당신도 못 보는
지독히 가여운 나도

동행으로 삼아주는
버스를 타자

조금 늦으면 어떤가
조금 돌아가면 어떤가

생에 그리 충실하지도 못하면서
'時欲(시욕)'만 가득한

'탓'으로 가득한
'적'으로 가득한
'주변'으로 가득가득한

너의 그 잘남을 다스리는
버스를 타자

내 작은 실수도
"이미 처리 되었습니다"
다정하게 받아주고

갈 길이 달라도
"환승입니다"
너그러이 베푸는

버스를 타자

무음곡無音哭

소리 없음에 감사한다

시끄러운 세상일도
곳곳에 꽉 들어차
고막을 진동하는 소리의 찌꺼기도

나의 울음을 방해하지 못하는
소리 없음에 감사한다

흐드러지게 피어난 내 영혼의 슬픔이
나를 보며 말한다

소리 없는 너의 울음은?
그런가?
흐느낌조차 없는 나의 울음은?

예술이란 이름아래 희생된 나의 소리들
아니 내 것이라 우겼던 세상의 소리들
파 한 단, 고추 한 봉 팔기 위해 악쓰는 소리들
서로 빨리 가려 간담을 서늘하게 했던 경적 소리들

그리고 너의 목소리
너의 목소리

이제 난 예술을 희생하고
너의 목소리를 들으려 한다

심장 깊은 곳
진하게 만져지는 슬픔으로
너의 목소리를 들으려 한다

슬픈 거는 다 슬프다

사람으로 태어났다
배고픈 건 다 배고프고
졸린 거는 다 졸리웁다

마음을 가졌기에
보고픈 건 다 보고프고
그리운 건 다 그리웁다

그래서
슬픈 것도 다 슬프다

함께 울자

그대 왜 슬픈지 알지 못해도
슬픈 거는 다 슬프다

인간이라 미안하다

등에 날리는 나비 하나
어울어울 그림자 지고

잔에 벌어진 나방 하나
날갯짓에 날리는 은빛 가루

밤하늘엔 저리도 별이 많은데
너희 둘을 구분하는 인간이라 미안하다

각성

최소한
네가 생각하는 것보다
너는 멋진 사람이야

세상이 그걸 깨닫는 시간을
더디게 만들 뿐

힘내라는 흔한 이야기 안할게

다만
네가 할 수 있는 그건
지금 하자
그래야 다음이란 게 있거든

우물 속에 비친 너의 모습
한 바가지 올려진 그 물로
너는 목마름을 해소하게 될 거야

네가 너를 마시는 순간이지

잊지마 해답은 이미 있어

노래는 낯섦에서 시작해
익숙함으로 나온다

노래는 낯섦에서 시작해 익숙함으로 나온다

처음 만난 순간
심장이 두근거린
그 낯섦으로 시작해
익숙한 사랑으로 나온다
그리고 이별도 이와 다르지 않다

신의 섭리를 깨달은
그 신비한 낯섦으로 시작해
태고의 익숙함으로 나온다
그리고 타락도 이와 다르지 않다

깊은 첫 호흡과
높은 첫 울음
그 낯섦으로 시작해
익숙한 성장으로 나온다
그리고 죽음도 이와 다르지 않다

그렇게
노래는 낯섦에서 시작해 익숙함으로 나온다

다만 다른 한 가지는
매일 아침 눈을 뜰 때
새로운 낯섦을 만나는 것이
익숙해지기를 바라는 나이다

두려움의 본질

폐쇄공포증 환자는
갇힌 것을 두려워하는 것이 아니라
갇힌 내가 겪을 실신, 사망 그리고 미치거나 정신을
잃는 것을 두려워하는 것이다

미지의 세계는
모르는 것을 두려워하는 것이 아니라
미지의 세계에서 내가 겪을지 모르는 위험을 두려워
하는 것이다

실패는
실패 그 자체를 두려워하는 것이 아니라
실패한 나를 바라보는 시선과
다시 시작할 힘과
용기가 없을까에 대한 두려움이다

두려움의 본질은
나에 대한 '주위의 시선', '용기 없음', '위험', '죽거나
미치거나'들이다
두려움은 사건과 현상에 있지 않다
내게 있다

두려움은 지극히 자연스러운 인간의 본성이다
신을 믿는다면 신의 앞에 엎드리도록 주어진 것이고
신을 믿지 않는다면 자기 방어를 위한 본능으로 진화
속에 남은 것이다

두려움은 근본적으로 사라질 수 있는 성질이 아니다
그래서 우리는 "두려움은 극복하는 것"이라 말한다
극복은 이겨내는 것이다
'주위의 시선', '용기 없음', '위험', '죽거나 미치거나'
한 모든 상황을 이겨내는 것이다

쉽지 않다

하지만 인류의 모든 진보와 혁명은
이러한 이겨냄의 산물이다
그리고 우리는 그 경험을 공유하고 있다
그래서 두려움의 본질은 우리가 이겨낸 경험들과
그 결을 같이 한다

나와 당신, 지금 두렵다면
적어도 인류가 극복한 두려움에 대해서만큼은
더 이상 두려워하지 말자
그리고 남은 것들은
이제 우리가 함께 이겨내면 그만
아니겠는가

새 세상

변하지 않는 것과
변하는 것

비교할 것이 없는 것과
비교할 필요가 없는 것

선택을 하는 것과
선택을 믿는 것

부드러운 것과
부러져도 강한 것

옳고 그른 것과
마음에 차는 것

대결의 승패와
사명의 완수

아는 만큼 모르는 것과
모르는 만큼 아는 것

후자의 주체들이
전자의 집착을 구겨
쓰레기통에 넣는다

옛 지구별
미련의 장례날

바람은 짖고
개는 분다

얼쑤!

　　　　　　− 최진석 교수와 함께 새 세상을 꿈꾸며

2장 시절時節

봄비

겨울이 운다

차마 녹아내리지 못한 서러움으로
삭막한 도시 가득한 그을음을 씻어 내린다

위로 한 마디 건네기
힘든 어깨를
적시는 방울방울
더해진 무게만큼
쌓인 그리움

바싹 마른 늙은 배우의
옅은 그러나 가볍지 않은 미소 위로

겨울이 운다

분주함에 지친 어느 밤

망각이 망각을 부른다
잊기에 적당히 사소한 것들
그 앞에 놓인 기억이란 책 한 권
하지만 쉽사리 넘기지 못하는 페이지

피곤이 전한 몸의 떨림을 즐기며
넘기는 또 한 잔의 술

자야하는데
잠들지 못하는
망자의 상념
푸른 그리고 하얗게 새어지는 꿈

끝이라는 말에
쉼이라는 단어를 더 해
견딘다
견디고 또 견딘다

아침이 온다

아직 빛은 없는데
저 멀리 아침이 온다

푸른 어둠에 가린
설움의 그을음

차마 다 뱉지 못한 말들에
미처 취하지 못한 까닭에
나는 깨어있고
저 멀리선 아침이 온다

이제 곧 일어날 누군가에게

새로운 아침을 맡기고

그보다 두어 시간 더 잠들고 일어나면

지난밤 한 켠에 쌓인 추억과

그리움에 몇 자 더해

시인의 늦은 아침

맞이하는 인사로 남겨지기를

비가 스쳐간 거리를 걸었습니다

비가 스쳐간 거리를 걸었습니다

조금 늦은 걸음에
이제는 다 져버린
봄꽃들에 아쉬움 담아
걸었습니다

방울방울 내렸던 흔적을
드넓은 대지가 품고
적당히 우울한 마음을 질투하는 해님이
남은 비의 흔적까지 모두 가져가 버리면

다시 기약없는 비를 기다리며
하루를 견뎌야 합니다

지나치게 분주한 삶과 그 무게를
너무 일찍 알아버린 소년은
하늘의 울음을 좋아합니다
그래서 미소 섞으며 슬퍼웁니다

비가 스쳐간 거리에
다시 바람이 불고 있습니다

그리고 나는 누군가가 좋아하는
노래 가사를 되뇌입니다

난 슬퍼도 행복합니다

설레임이 사라진 아침

편의점에 들려 따뜻한 유자차 하나를 샀다
온기가 쉬이 가실까 뚜껑은 열지 못한다
가만히 쥐고 천천히 발걸음을 뗀다

아이폰 액정에 몇 방울 비가 떨어진다
기상청 예보보다 조금 더 선선한 바람이 분다
구부정히 앉아 담배 한 대를 문다

해는 저 너머에 있을 텐데
구름에 가려 보이지 않는다

가까이 있지만 가깝지 않은
가까이 있지만 가깝지 않은

필터까지 다가오는 불빛에 생각을 그친다

설레임이 사라진 아침이건만
낙엽은 변함없이 내게로 내린다

가을 담양

따뜻한 햇살에 이른 추위가 황급히 얼굴을 감춘다
차창 밖으로 보았던 가을은 걷는 걸음마다 넉넉히
묻어있다

셋보다 나은 넷이 동행이 되어
아직 푸른 잔디 사이로
흩날리는 갈대 사이로
때때로 숲과 얕은 골짜기 사이로
벗들의 웃음소리가 가을 담양에 퍼진다

노을이 짙어져 붉은 단풍은 먼저 잠을 청하고
하늘에 별이 우리에게 쏟아져 내리면
대나무향 잔에 가득 부어 한시로 주고받는다

서로에게 한 걸음 더 가까워진 밤
음주는 가무라던 옛말은 몸에 새기고
오늘의 행복한 추억은 마음에 새긴다

또 다시 찾아온 새로운 날
따뜻한 샘에 몸을 담그고
뽀얀 새벽안개를 두른 담양의 능선을 바라보며
부질없던 시름과 번민을 씻어낸다

곧게 뻗은 대숲의 짙은 사색과
풍류 담은 한 상의 가득한 기운과
노랗고 붉은 가을 담양의 바람을 마시며
우리는 그렇게 옛 선비의 정원에서 미소를 짓는다

- 가을 담양을 선물한 송경현 님께 감사하며

오랜만에

기억이 머문 곳에 앉았다

몇 잔 넘긴 술에 담긴
기분 좋은 어지러움

지독히도 어수선한 세상에
선명하지 못해 익숙한 안경을 쓰고
조심스럽게 남기는 글자 몇 덩어리

오랜만이다 오랜만...

봄을 기다리는 겨울에 움추림처럼
나도 그대 기다리며 움츠린다

길이가 조금 부족할까 끄적거리다 덮는 시에

화도 숨도 기억도 실수도 모두 덮고

시의 신에게 용서를 구한다

귀가 빠진 날

귀가 빠진 날
어머니에게 전화했다
아들입니다

낳아주셔서 감사합니다
감사합니다

그리고 하지 못한 말 사랑합니다

이내 적당한 상념 속으로 들어간다

홀로 있는 시간이 좋지는 않지만
그것을 즐기는 것은 무어냐?

시원한 순두부 국물을 한잔 들이킨다
맑은 내음에 드문드문 보이는 바지락의 흔적

뿌옇고 흐린 날들을 지나
달이 보이는
달빛이 비치는 서울 하늘은
그저 감동이다

환절기에 옅고 싸늘한 바람은
내 안에 열기를 식히고

조용하지만 고요하지는 않은 길을 걸어
집으로 갈 상상에 행복하다

나쁘지 않은 음질에 128k MP3 음악을 들으며
10년이 채 지나지 않은 올드 k-pop에 웃는다

운다
웃는다
운다

귀가 빠진 날
웃다 울다
엉덩이에 뿔이나

예상보다 길어진 혼자만의 시간에 머무른다

주정뱅이 친구야
그대만큼이나 힘든 사람이 지구의 모래알만큼 많소

오늘은 특별한 날이 아니오
그저 추억하기 좋은 날일뿐

그리고 내 스승의 말처럼
별이 바람에 스치우는 그런 날일뿐이외다

3장 유희遊戲

종교다원주의와 비

아... 비오니까 미쳐가는 중요

아... 비오니까 미쳐가는 신부요

아... 비오니까 미쳐가는 목사요

아... 비오니까 미쳐가는 나요

죽어도 모른다

말하지 않으면
나는 그 마음 모른다

세상에 있는 많은 일

말하지 않으면
나는 그 마음 모른다

설레인 시점
망설인 시점
행복한 시점

진화의 시간상
'개'에겐 아직 '뿔'이 없어서
나는 모른다

답답한 그 사람이
말해라 그 마음을

기냐 아니냐

개판오분傳

사랑이 무어냐고 물으신다면,
'신명조, 포인트 12'·로 "전부"라 쓰고
"젠장"이라 읽을 테다

마피아 게임 때, 너의 눈빛은 정녕 진실?
너를 믿느니 수화기 너머
"사랑합니다. 고객님"을 믿겠다

묻혀버린 네발짐승의 울음을
통화권이탈··처럼 외면하는 나 그리고 우리

페트병 10개 세워 공을 굴리자...
스트라이크 아싸!

---

* 신명조, 아무쪼록 신명나는 삶을 위한 기대를 의미, 12포인트는 12제자,
  12개월, 12간지를 의미
** 90년대 후반 최고의 히트상품 PCS의 통화 품질을 가능하는 척도

나라를 망친 이들이 나라를 다스려
할렐루야! 인샬라! 라임 맞추며,
대지의 흐르는 피와 악취는 패버리지로*

어제 마신 술은 약주
오늘 해장의 유혹을 견디며,
두통약을 삼킨다

국회의사당이 갈라지고
청와대 지붕이 열리는 그 날
남산 지하에 숨겨 놓은 태권브이를 기대하며,
페트병 10개 세워 공을 굴리자...
스트라이크 아싸!

---

* 모 유명 방향제의 희화화, 토달지 말기를...

얼굴책

진실을 말하려
상태를 누르고는
한 자 한 자 적다 결국
자기검열을 한다

위로를 바라는 이도
축하를 원하는 이도
이따금 세상에 원망을 적는 이도
어쩌면 자신은 혼자가 아님을
증명하려는 몸부림은 아닌지

붉게 충혈된 눈으로
반응을 기다리다
좋아요 하나 더하면
설레는 마음 달랠 수 없고

나와 닮은 잠 못 드는 누군가를
기대하며 알람을 확인하면
무슨 이벤트와 초대는
그리 많은지

얼굴책은 도저히
내 한숨의 깊이와
당신 눈물의 무게를
다 담을 수 없다

'나 당신의 글을 읽었습니다'
'저 아시죠?'
'계속 지켜보고 있습니다'

좋아요에 담긴
수많은 이야기들

지독히 긍정적이라
누를 것은 좋아요뿐인
얼굴책아...

싫은 것을 싫다 말 할
용기는 없는 거니?

왜 너를 알기 전
나는 더 행복했었다는
생각이 들까?

왜 사람 사는 세상이
"Off"가 되고
디지털 신호뿐인 너는
"On"이 될까?

얼굴책

네 속에 몇 자 적으면

세상이 바뀔 줄 알았던

30대 소년은

아직 남은 미련으로

다시금 몇 자 남기고 간다

이 밤 카톡 소리가

바람에 스치운다

Who까시

내 안에 돋아
찔리는 사람을 보며 즐긴다

지독히 약한 나를 숨기려
잔뜩 바람을 넣고

울건 피가 나건 혹은 비웃건
찰나의 긴 시간에 날을 세운다

맘껏 독이 오른 까시를 두르고
누군가 서 있다

나는 나인데 내가 아닌
괴물이 서 있다

오래된 그러나 낡지 않은
천호동 포장마차에서
생각은 껍데기만 남은 꼬막에서 멈춘다

남은 건 두어 잔 안주는 끝
이제 지갑에서 신사임당 하나 꺼내 펄럭이곤
잔돈 달라 하겠지

내가 꿈꾸는 게 괴물인지
그에 미치지 못한 내가 괴물인지
누군지 모르게 까시만 가득 돋아
허공을 찌른다

이다...

달이 구름에 가려도 밤은 밤이다

가슴에 피는 꽃을 애써 감추려 해도 꽃은 꽃이다

쉽게 쓰이지 않아도 시는 시이다

노래의 목마름을 느끼며 살아도 삶은 삶이다

어리석었던 아니 어리석은 나
내가 내가 아니라 발버둥 쳐도 나는 나이다

해답은 없어도 길은 길이다
그리고 지금 여기가 내가 살아가는 곳이다

그래서

지금 사랑하지 않고 여기서 사랑하지 않으면

나는 아무것도 아니다

피아노의 신에게는
여든 여덟 명의 자식이 있다

피아노의 신에게는
여든 여덟 명의 자식이 있다

별이 구름에 가린 밤
부족한 빛을 모아
그들에게 건네면

희고 검은 손을 내밀고
가지런히 누워
신의 은총을 기다린다

견딜 수 있을 만큼
침묵이 흐른 후

신의 사자가 노오란 손으로
그들의 희고 검은 손을 두드리면
단단하게 뭉친 헝겊 막대가
'노래해!'라고 신호를 보낸다

톡. 툭! 탁!!

팽팽하게 긴장한 몸으로
신호를 기다리던 그들은
전해진 강도에 따라
열심히 몸을 떨며
자신을 노래한다

작고 크게
느리고 빠르게

때로는
이 모든 것들이 뒤섞이며
여든 여덟의 희고 검은 손으로
세상에 색을 입힌다

나는 시인이다

꽃피는 봄
열편의 시를 정품잉크로 인쇄한다
행여나 불안함에 등기로 보낸다

바다를 보며
다섯 편의 시를 메일로 보낸다
땡큐, 가난한 작가를 돕는 이메일

엽서 시문학 공모를 뒤지며
얻어걸리기를 바라는 구차한 시인은
오늘도 시의 그물을 친다

남는 건 찢긴 내 가슴 마냥
찢어진 시의 그물뿐

난 아직도 내가 시인이라 시인하고 싶다

4장 인연因緣

윤동주를 봅니다

윤동주를 봅니다
나는 그를 안다 말합니다

해질녘 울음 속에 그가 내게 말합니다
하늘과 바람과 별을 헤아리며 나에게 말합니다

"거울을 본 것은 내 부족함을
그 안에서 보았기 때문이고,
우물가의 그 녀석은 내 소심함의 산물이며,
내 연약함으로 남보다 이르게
하늘로 돌아갔을 뿐이오.
그러니 부디 아무것도 가르치지 못한
날 스승이라 말하지 마오."

듣고 보니 그런 것 같습니다
모른다고 해야 할 것도 같습니다

윤동주를 봅니다
허나 하늘과 바람과 별을 헤아리는 그에게
차마 모른다 말하지 못 합니다

그를 보고
그의 말을 들으며
그를 헤아린 날들과
그가 노래한 별을 보고
하늘을 우러러 너무도 부끄런 구석 많은
나를 일깨운 시간들이 떠오릅니다

다시 윤동주를 봅니다
그리고 하늘과 바람과 별을 헤아리는 그를
안다 말하지 못 합니다

다만
내가 보는 하늘과
내가 맞는 바람과
내가 헤아린 별들 속에 있는
그를 노래할 따름입니다

야쿠르트 엄마

전대의대 앞 교차로
잎이 넓어 해를 가리기 적당한 가로수 아래
야쿠르트 아줌마가 있다

간밤에 마신 한 잔
간만에 내 몸 생각
아줌마에게 묻는다

"쿠퍼스 있어요?"

이거 참 좋다며
꺼내주시는 아주머니에게
천오백원을 건넨다

"아주머니도 드세요?"

"나는 비싸서 못 먹어. 아들 갖다 줘.
아들 술 마시고 들어오면 이게 좋거든."

인사하고 돌아서 걷는데
왜 눈물이 났을까?

전대의대 앞 교차로
잎이 넓어 해를 가리기 적당한 가로수 아래
우리가 아줌마라 부르는 엄마가 거기 있었다

바다는 원래 거기 있었다

봄

당신에게서 꽃을 볼 수 없기에
산과 들로 다니느라 당신을 외면했었다

여름

나의 분주함 때문에 혹은 오고감에 지칠까
당신을 외면했었다

가을

쓸쓸하게 변해버린 모습을 볼 수 없어
고개를 돌려 당신을 향한 그리움을 외면했었다

겨울

사람도 온기도 남지 않은 당신에 대한 죄책감으로
나의 가슴은 당신을 외면했었다

이제는
계절이 무색해지고
나의 눈에 작은 바다가 흐름에
당신을 불러본다

어머니...
아들입니다

약한 심장은 흔들렸습니다

붉디붉은 피는
고체가 아니기에
작은 반응에 끝없이 흔들렸습니다

한참의 진동이 끝난 후에
멈춘 심장에게 물었습니다

"왜?"

심장은 답했습니다

마음이 자신을 진하게 눌러
붉게 새어 나올 수밖에 없었다고

어쩌면 나는
당신이 생각하는 것 보다
훨씬 더 당신을 생각하는 가 봅니다

별이 따뜻한 것도
꿈에 당신을 본 것도
반쯤은 잠든 상태에서
작은 자판을 두들기는 것도

모두 그 때문인가 봅니다

약속

왜 나를 기다리게 만들죠?
왜 나를 잠못들게 만들죠?

그것 때문이죠
당신과 내가 한 약속 때문이죠

내일이면 우린 만나요
함께 있음에 기쁨도 느낄테죠

그런데 지금은
왜 이리 애가 타죠?
왜 이리 걱정 되죠?

하지말걸 그랬나요?
이렇게 깨어질까
두려워하는 걸 보면

다짐보다 무서운 약속
그걸 우리가 한 거죠

혹시 그대 못 지킨다면
이 밤 나 알아야 해요
내일이면 내가
그대로 가득 찰 테니까요

이별

떠나는 일 참 쉽죠
헤어지는 일 참 쉽죠
좋아하는 마음 어찌 할 수 없지만
그 마음 그만 하는 건 참 쉽죠

이별이 쉬운 세상
두 뺨에 부는 바람도
눈물 대신 내리는 비도
나를 도와요

하늘에 뜬 별에 내 맘 담고
떠나는 별에 실어보내죠
그래서 2별이라 부르나 봐요

자해

손잡이마저 날이 선 검을 들고
휘두르는 사람이 있다

분명 취하지도 않았는데
노련하지 않은 그 검술은 사람을 벤다

하나 둘
곁에 있던 사람들은
치료를 위해 모두 떠난다

홀로 남은 그(혹은 그녀)는
피가 흐르는 자신의 손을 본다

선명하게 그어진
또 하나의 손금

그(혹은 그녀)의 검은
상처 입힌 자를 쫓는다

쫓음의 과정 속에
신의 섭리는 거역되고
도덕이나 윤리는 버려진다

그저 손잡이마저 날이 선 검을 휘둘렀을 뿐인데

안쓰러움과 안타까움 속에
그(또는 그녀)를 본다

스스로 제련한 검에
스스로 베인
그(또는 그녀)를 본다

피가 진한만큼

멀리, 너무 깊고 멀리 온 것에 대한 아쉬움

그리고 검의 간격 안으로 다가갈 수 없는

우리의 연약함

그렇게 우리는

모두가 원하지 않았던 결말 속으로

걸어 들어간다

채비

낡은 가죽 구두를 꺼내 닦는다
그보다 덜 낡은 구두솔을 꺼내
함께 걸었던 세월을 털어낸다

내 습관 고이 묻어있는 주름 사이
굳은 심장의 검은 기름을 먹인다

누구의 속옷이었을 듯
그도 처음엔 백옥 같았을
누렇고 얼룩진 조각 천은
마지막 사명을 완수하며
검게 물들어 간다

늙고 마른 숨을 뱉으며
닦아낸 검은 거울
그 거울이 선명해질수록
내 모습은 흐릿해진다

검게 닦여진 내 모습 위로
한 방울씩 뚝뚝 떨어진다

만남 이별
만남 이별

그리고
이별 이별

다음은 내 차례입니다

다음엔 내 차례입니다

나라가
나라가 아닌 줄 모르고
거짓이
거짓인 줄 모르고 살았습니다

인터넷에 글 몇 자 적으며 해소하면
그걸로 충분하다 생각했습니다

화면 너머 통곡하는 그대들을 보며
나도 같이 울면 충분하다 생각했습니다

뭐라도 해야 한다는 절규 앞에
결국 아무것도 못 했습니다

그래서 다음엔 내 차례입니다

잊혀지는 게 이제는 익숙합니다
산 사람은 살아야지 하는 망각으로
과거를 잊으며 살고 있습니다

그래서 다음엔 내 차례입니다

그리고 그 다음엔
우리 자식들의 차례입니다

5장 단상斷想

내키지 않는 약속만큼...

내키지 않는 약속만큼
체하거나 취하기 쉬운 것도 없다

말이 통해도...

말이 통해도 대화가 통하지 않는 사람이 있다

잠 못 드는 건...

잠 못 드는 건
생각이 많아서라고

젠장...

또 생각해버렸다

사람

어디다 쓸까?
어데?
어디다 쓸까?
이놈의 사람을 어디다 쓰랴?

원래

원래
있는 놈이 더해
없는 놈은 못해

이해

이해란
지식을 쌓는 것이 아니라
태도를 바꾸게 하는 행위이다

능률能率

쉬운 일은 쉽게
어려운 일은 함께

촌철살인

당신은 지금
140자로
사람을 죽이고 있다

단지, 그 뿐이다

필요로 만나는 사람이 있고
만남이 필요한 사람이 있다

난 후자의 대상이 되고 싶다
단지, 그 뿐이다

활자에는 사람이 없다

한 권의 책을 읽는 것보다
한 사람을 사귀는 것이
내게 더 유익하다

청년

가장 찬란한 미완의 때

휴일 초보 연구자의 단상

연구는
지나친 친절함으로
분량을 확보하는 과정이 아닐까?

내 숨의 반은

내 숨의 반은
사랑을 아는데 쓰렵니다

나머지 반은
사랑을 하는데 쓰렵니다

6장 여정旅程

그 달이 걸려있다

그 달이 걸려있다

낡은 버스의 디젤 엔진 소리
볼을 두드리는 가벼운 바람

추억과 예술과
삶과 먹거리라는 경계에
그 달이 걸려있다

한 세기 전 당신은
사실 너무 연약했기에
산이 산에게 건네는 달을 보며
자신의 순수도 건네 버렸을까?

그 때와 지금
달라진 것은 작고
바람은 같고
그 달이 걸려있다

그리고
당신처럼 우리도 경계에 섰다

- 춘원헌(春園軒)에서

체스키크롬로프에서...

낡고 포근한 침대에 누워
스쳐간 이들에게 인사를 건넨다

'안녕하세요. 저 멀리 해가 뜨는 나라에서
예술을 쫓아온 보헤미안입니다.'

무뚝뚝한 줄 알았던
그들의 입가에서 미소를 본다

'환영합니다.
이곳에서 우리처럼 하나의
"장면"이 되어주세요.'

다음 날
홀로 쓸쓸히 밤을 보낸
고성을 달래려
아침을 걷는다

옛사람의 혼적을 따라
내딛는 걸음마다
햇살은 여느 때처럼
우리에게 내린다

물길을 건너
골목을 지나
기이한 천재화가의
삶을 돌아보고

천장 높은 곳에 둘러 앉아
함께 먹고
함께 마신다

햇살이 따가워질 무렵
짓궂은 해님을 피해
제법 맑고 차가운 물에 발을 담그고
그늘 가득한 테라스에 앉아
그만큼 차가운 커피로 목을 적신다

어느덧
겸손히 낮아진 해님의 언덕 위에서
비워둔 가슴 한 켠
감동 담뿍 채울 마음에
귀를 열고 가만히 눈을 감는다

아직 남은
한낮의 따스함과
가득한 사람들의 열기가
잠들지 말라 흔들어 깨울 때

누군가 귀한 손
창문을 여니
옅고 넓은 바람이
우리에게 분다

기분 좋은 두근거림으로
바람이 선물한 별과 구름 아래
같은 곳에서 떠나온 예술가와
인사를 나누고
그의 삶에 박수를 보낸다

체흐
체스키크룸로프에서 보낸 두 밤

같은 햇살, 바람, 물길을 보고
같은 감동을 나누며
같은 사람을 만나

우리는
음악이 되고
그림이 되고
하나의 '장면'이 되었다

동행同行

내가 보는 것을
당신도 본다는 것

내가 듣는 것을
당신도 듣는다는 것

내가 먹는 것을
당신도 먹는다는 것

내가 느낀 것을
당신도 느낀다는 것

그 날
작은 지구별
언덕에 올라
같은 두근거림

눈에 맺히고
가슴에 맺혔던
그 날

태어남이 달라
낯설었던 우리
함께한 시간으로 빚어
한 결이 되고

그렇게 우린
익숙함으로 간다

결코 무뎌지지 않을
그리운 익숙함으로 간다

밀라노 중앙역
걸어서 3분 거리˙
묵고 있는 호텔 맞은편 테라스에서
피맥을 먹는다

밀라노 중앙역

걸어서 3분 거리

묵고 있는 호텔 맞은편 테라스에서 피맥을 먹는다

이탈리아 피자는

이탈리아 맛이다

이탈리아 맥주는

이탈리아 맛이다

하지만

나처럼 대부분

이탈리아 사람이 아니다

하얗고
노랗고
붉고
검은 사람들

고개를 조금만 돌리면
호텔로 들어가는
사람들이 보인다

누군가는
여행의 시작
설레임으로 가득할 것이고

누군가는 나처럼
떠남을 아쉬워 할 것이다

내가 머무는 호텔을 바라보며
저녁 식사를 한다는 것은
여행에서 쉽지 않은 일이다

맛집이란 가십을 쫓아 거리를 헤매거나
호텔 내의 근사한 허세를 쫓거나
그도 아니면 가방 깊숙이 숨은 컵라면을 꺼내며
뿌듯해 할 테니까

그래서
한걸음 물러서면 보일
수많은 것들을
굳이 보려하지 않는다

첫 번째 잔이 비워질 무렵
아침에도 보았던
구걸하는 노파가
내 옆을 지나간다

머릿속
계산이 섞인 적은 돈에
나를 위해 신의 은총을 빌어주었던
그 노파가 나를 알아보며 미소짓는다

마음에 미세한 떨림이 생긴다

20유로를 꺼내
그녀의 손에 쥐어주니
그녀가 내 손에 입맞춤을 한다
나도 그녀의 손에 입맞춤을 한다

그녀가 떠나고
아쉬움이 짙게 남는다
왜 나는 기꺼이 자리를 내어
함께 밥 먹자 못했을까?

밀라노 중앙역
걸어서 3분 거리
묵고 있는 호텔 맞은편 테라스에서 피맥을 먹으며
나는 여전한 나의 부족함을 느낀다

그리고
두 번째 잔이 나올 무렵 깨닫게 된다

결국 나란 녀석은

한걸음 물러서 보고

한걸음 가까이 다가가는

사람다움으로 살아야 함을

회귀回歸

돌로미티에 올라
하늘 가까운 곳
돌틈 사이로 핀
들꽃을 보았습니다

'안녕'

그는 나를 보며
반가운 미소를 지었습니다

'드디어 왔구나!'

왜?
눈시울이 붉어질까요?
가슴이 두근거릴까요?

희박한 공기 때문이 아니었습니다
희미한 기억이 선명하게 되살아났기 때문입니다

'나는 너다'

처음 그 때
우리는 하나의 물질이었습니다

하지만
물과 바람과 흙으로 흩어져
46억년이 지나
이제야 만난 것입니다

몸과 시선을 낮추고
들꽃이 되어 나를 기다린 나의 이야기를 듣습니다

물이 되어 떠나간 나의 이야기

흙이 되어 피어난 나의 이야기

그리고 바람이 되어 하늘로 돌아간 나의 이야기

우리는 그렇게

신의 숨을 함께 나누어 마시며

하나의 존재가 되었습니다

*

이제...
모든 여정을 마치고
다시 현실로 돌아갑니다

삶의 분주함 속에
산과 들과 강물과 호수를
잠시 잊을지 모릅니다

하지만
그 날의 들꽃이 나였음은
영원히 잊지 않을 것입니다

언젠가 내가
그에게로 돌아가
다시 하나의 존재가 될 것을
굳게 믿고 있기 때문입니다

7장 가사歌詞

무제

나의 운
푸른 명
헤는 별
지는 밤

들에 국
피는 화
남은 한
짙은 숨

그리움 담은 맘
부름에 떠가리

다시(Re...)

삶의 바다 위에 후회의 배가 뜨네
과거라는 물결은 시간의 흐름만큼 날 떠미네

실패라는 구름은 미련의 무게로 깔리고
낙심의 눈물이 내려 나라는 사람을 적시네

바람이 불어오고
생각에 잠기네

돌아갈 수 없지만
다시 시작 할 수 있도록
이 삶의 바다를
내가 이겨 낼 수 있도록
다시

기회의 섬을 만나 선택의 기로에 서있네
현실의 안주함보다 새로운 시작을 택하네

희망의 태양이 떠올라 의지의 빛을 발하고
시련의 밤이 오더라도 이젠 멈추지 않네

바람이 불어오고
생각에 잠기네

돌아갈 수 없지만
다시 시작 할 수 있도록
이 삶의 바다를
내가 이겨 낼 수 있도록
다시

Rain

어디든 사랑을 하면
우선은 비가 내리고
우산도 쓰지 않고
거리를 걸어야 하고

낮이 지나가
그대로 밤이 찾아와
둘 만에 추억을 만들
부푼 꿈이 다가와

어딜 가든 어딜 보든
세상엔 온통
우리 둘만으로 가득 차

창 밖에 빗소리
이 또한 노랫소리

들려 가슴 뛰는 소리
느껴 너를 향한 마음

유치한 사랑의 고백이 들리는
비가 내리는 밤

고백 Part1

벌써 가슴이 떨리죠
이른 눈물이 흐르죠
그대 없이 단 하루도 살 수 없다는
나의 고백 이제야 했는데

서툰 내 고백이기에
아직은 대답이 없죠
그래도 그대 미소 입가에 맴돌아
수줍게 나 그대를 안아요

힘겹게 꺼낸 말
나를 하늘로 올려요
부풀어 버린 맘
이젠 멈출 수 없어요

그대 사랑합니다

내 처음 입맞춤도

그대인 이유가 있지요

그댈 만나 이제 내가 없어도 되는

사람이 그대이기에

내가 고백합니다

고백 Part2

나를 기다리다 잠든 그대 얼굴 보죠
그 얼굴에 묻어있는 삶의 고단함

혹시 잠에서 깨도 미소 지어보이죠
나 그런 그대를 말없이 안아요

내가 해줄 수 있는 것이라고는
비록 이것뿐이지만
그대 내게 준 사랑 나 알아요
고맙고도 미안해요

조금만 기다려 줄래요
하늘이 우리에게 행복할 기회를 주도록
언젠가 우리 서로 사랑한다고
하늘도 인정할 거예요

그대 기다림에 내가 미안해하면
괜찮다고 제발 돌아오기만 하라고

그대 가진 삶 속에 이제 나만 있데요
나 그런 그대를 말없이 안아요

내가 해줄 수 있는 것이라고는
지금 이것뿐이지만
그대 내게 준 사랑 나 알아요
고맙고도 미안해요

조금만 기다려 줄래요
하늘이 우리에게 행복할 기회를 주도록
언젠가 우리 서로 사랑한다고
하늘도 인정할 거예요

고백 Part3

그대를 못 잊어 울어요
오늘도 나 잠 못 들어요
한참을 울다가
아침을 맞이해요

그대를 못 잊어 울어요
오늘도 나 잠 못 들어요
한참을 울다가
아침을 맞이해요

이런 나 그대는 모르고 있죠

그대는 그대입니다

내가 그댈 얻지 못해도
그대 다른 사람 만나도
내가 한 번 사랑했으니
그대는 그대입니다

이런 내가 바보 같아도
그대 이제 나를 잊어도
내가 아직 사랑하므로
그대는 그대입니다

난 나쁘죠
내 가슴은 아프죠
그대 잘 살아가는데
왜 내 마음이 아프죠?
그대는 그대로 있고
나는 나대로 살고

단지 내가 아직
그대 잊지 못한 것뿐인데

난 나쁘죠
내 가슴은 아프죠
그대 잘 살아가는데
왜 내 마음이 아프죠?
놓아야 할 추억이 있죠
하지만 아직 못 잊죠
그대와 나는 추억
하루가 일년이 가죠

헤어지면
당연히 그 사람 잊으라 말해요
하지만 헤어져도
한 번 사랑하면 그걸로 끝이죠

난 아직도 순애보를 믿어요

평생 혼자 산다 해도

그대를 사랑합니다

술

그래 마실 수는 있어
하지만 견딜 수는 없어
흐르는 눈물 나오는 한숨
막을 수가 없어
이 한잔만 참으면
나 괜찮을 수 있어
흐늘거리는 아픈 기억 다
비워낼 수 있어

자꾸만 모르는 말이 내 입에서 흘러나오고
아무도 없는 내 앞자리에 너의 모습 보인 것 같아
일어나 그만 집으로 가야하는데
그럴 힘이 남지 않아 그대로 기대어 운다

힘겨운 내 발걸음은 길 위에 끌리고
비틀거리는 세상은 날 보며 쓸쓸한 눈길을 보낸다

이제는 모든 걸 지워야 하는데
그저 내일이면 지독히 아프고 차라리 잊어버리길

그래 마실 수는 있어
하지만 견딜 수는 없어
흐르는 눈물 나오는 한숨
막을 수가 없어
이 한잔만 참으면
나 괜찮을 수 있어
흐늘거리는 아픈 기억 다
비워낼 수 있어

이제 쓰러져 잠들기만 하면 돼
이 담에 모든 것이 추억이면 돼
비틀거리는 내 앞에 아른거리는 그 모습
남은 그대 이름과 목소리도 잊으면 돼

그래 마실 수도 없고

이젠 견딜 수도 없어

흐르는 눈물 나오는 한숨

더 이상은 없어

마지막 잔에 그렇게

힘없이 쓰러져

운다

보고 싶어

너무 보고 싶어서

홍등歌

붉은 수수밭에 나비가 취했네
취한 나비는 하얀 나비는 붉게 물들어
붉은 수수밭에 붉은 피가

저 멀리 붉은 노을은 무얼 뜻하는지
저 멀리 붉은 지붕은 무얼 뜻하는지

저 멀리 누군가 서 있네
저 멀리 누군가 서 있네

애망가愛忘歌

내 이별과 사랑아 모두 잊도록
삶, 여정의 끝에서 나를 외면해 주오

눈물아 어서 다 말라 앞을 보도록
행여 내 가슴 너를 찾아도 모르고 살아주오

사랑 얻는 것보다 잃는 것이 내겐 더 힘겨움이네
허나 이 맘 전하지 마옵시고 하늘만 아옵소서

내 이별과 사랑아 모두 잊도록
꿈, 기억의 흔적은 재로 만들어 주오

눈물아 어서 다 말라 쉴 수 있도록
찢겨진 가슴 조각조각은 바람에 흩어져라

사랑 얻는 것보다 잃는 것이 내겐 더 힘겨움이네
허나 이 맘 전하지 마옵시고 하늘만 아옵소서

그대가 기억나죠

단지 비가 왔을 뿐인데 그대가 기억나요
둘이 걷던 그 좁은 골목길도
그저 조금 싸늘한데도 그대가 기억나요
추운 걸 많이 싫어했었죠

왜 이렇게 많은지
사소한 기억 하나하나에
그대의 기억이 묻어있는지
그대 향기가 느껴질까 봐
숨조차 쉬기도 힘이 드네요

그대가 기억나죠
내 사랑이었던 그대가
우리 서로 다른 곳을 보기 시작한
그 순간만 잊었죠

내 머리가 아닌 마음이
그댈 가슴에 두라하네요
다신 그런 사랑을 나 못할 테니까

자화상

내가 나를 그릴 수 있다면
내가 나를 알 수 있다면
제발 내가 그릴 수 있다면
내가 나를 용서 할 수 있게

좁은 내 속 쉽게 변하는 표정
내 주위 가슴 아픔은 아랑곳 않고
약한 마음 쉽게 상처를 받아
깨어지고 나면 나아지질 않아

나를 보고 싶은데 볼 수가 없어
거울 속에 비친 내 모습
내가 의식한 내 모습

내가 보고 싶은 건
있는 그대로의 나일 뿐인데